頂上決戦！最強動物VS悪魔 獣魔大決戦

編
Creature Story
小川 彗

西東社

動物軍 VS 悪魔軍
史上最大の決戦がはじまる…

　今回の戦いは、なんと「動物軍」vs「悪魔軍」。種族をかけた総力戦だ。魔界の悪魔を統べる王、ルシファーが、選りすぐりの6人の部下を連れて、地球の動物たちに突然勝負をしかけてきた。さらに悪魔軍が勝利すれば、動物たちの住む森や川などの一部を悪魔たちの新しいすみかとして差し出せという。

　突然の宣戦布告を受け、地球の動物たちは話し合い、ルシファー軍に対抗する最強メンバーを選出する。そして、ルシファー襲来の報告があった日本のとある島へ向かわせるのであった。

　未知の能力を持った悪魔たちを相手に、動物たちはどのような戦略で挑むのか──。圧倒的な力の差があるバトルでは、己の特性をうまく活かし、戦局をどう有利に運ぶことができるかが勝敗をわける鍵になりそうだ。

　今ここに、これまでにない次元を超えた戦いの火ぶたが切って落とされる。

勝利条件

- 相手の軍の選手を全滅させる
- 総大将の選手をダウンさせる

どちらかの条件を満たした時点でその軍の勝利となる。時間は無制限。

動物軍

メンバー

ルシファーは日本のある島に現れた。ルシファー襲来を受け、急遽日本をすみかとする動物たちでチームを結成し、出陣するのであった。

- 総大将 ヒグマ
- ニホンイノシシ
- ニホンザル
- オオワシ
- オオスズメバチ
- ワタリガラス
- キタキツネ&ホンドタヌキ

悪魔軍 メンバー

ルシファーの招集によってあつまった悪魔軍のメンバーたち。総大将のアスモデウスを筆頭に、どの選手も特殊な能力をもつ、強者ぞろいだ。

総大将
アスモデウス

マモン

アバドン

バルバトス

ズエル

鬼

決戦の手引き

両軍メンバー（決戦開始時点）

最強動物軍

総大将	ヒグマ
	ニホンイノシシ
	ニホンザル
	オオワシ
	オオスズメバチ
	ワタリガラス
	キタキツネ＆ホンドタヌキ

VS

ルシファー悪魔軍

総大将	アスモデウス
	マモン
	アバドン
	バルバトス
	ブエル
	鬼

ルシファー
※ルシファーは直接バトルには参加しない。

決戦フィールド

決戦は日本のとある場所にて行われる。海に面しており、山と川、森も豊富にありフィールドの面では、動物軍がやや有利だ。

決戦7つのルール

1. 決戦は時間無制限。どちらか一方の軍が、相手の総大将を倒した時点で、終戦となり、そのチームの勝利とする。

2. 戦闘は1日の午前7時〜午後11時の間で行うものとする。その時間内であれば、いつでも相手の選手に勝負をしかけてもよい。

3. 戦闘は1対1のみならず、複数の選手で相手を挟み撃ちしたり、奇襲をかけたりなど自由に戦略をたててよい。

4. フィールド内であれば、空でも山でも自由に移動してよい。森や川に身を隠すこともよいものとする。

5. 1日が過ぎると、各選手の体力は一定の量だけ回復する。しかし、一度受けた傷は完全には回復しないこともある。

6. 試合開始時には登録されていない選手も、決戦フィールドに到着すれば、途中参戦を認めるものとする。

7. 一度登録された選手が、フィールド外にでて再び元の軍に復帰することは認められない。

ダウンと退却について

戦闘にて敗北になっても、ダウン(戦闘不能状態)にならず退却に成功すれば、再び次の戦闘に復帰ができる。ただし、その戦闘では敗北になり、軍全体の勢いは落ちる。

ダウン！
⇒戦闘復帰不可、脱落

退却成功！
⇒軍の勢いは下がるが戦闘復帰可能

この本の見方

フィールドMAP

フィールドMAPとは
各選手の戦場での位置と体力を表示しています。1日のうち、朝と夕方の時間帯でマップは2回表示され、その時間帯に発生するバトルのあらすじもまとめています。

- **決戦の日時**
- **選手名と体力**
- **バトルニュース**
  そのマップの時間帯で発生したバトルのあらすじが表示される
- **勢力ゲージ**
  動物軍と悪魔軍、それぞれの勢いを数値化している。0は、その軍の敗北を示す

出場選手紹介

- **決戦の日時とバトルナンバー**
- **所属する軍**
- **出場選手の名前**
- **パラメーター**
  5つの能力をS〜Cの4段階で表している。Sが最高

  ▶ **攻撃**
  力の強さ

  ▶ **防御**
  敵の攻撃をはね返す、体の強さ
  ▶ **体力**
  戦い続けられる、パフォーマンスを維持する能力
  ▶ **テクニック**
  特別な攻撃方法の種類の多さ、賢さ
  ▶ **機動力**
  フィールド上での移動範囲の広さ、速さ

- **特殊能力**
- **選手説明**
- **前回試合のハイライト**
  すでに登場しており、説明済みの選手は選手説明のかわりに、前回試合の振り返りが表示される

10

決戦1日目。両軍選手ともに位置につき、静かに開戦の合図を待つ。
勝敗の行方を占う大事な初戦。張りつめた空気が戦場を覆う。

アバドン
体力ゲージ

鬼
体力ゲージ

バルバトス
体力ゲージ

ズエル
体力ゲージ

マモン
体力ゲージ

総大将 アスモデウス
体力ゲージ

ゲージ

650

悪魔軍

動物軍と悪魔軍の決戦がはじまった。開始早々、3体の悪魔が襲いかかるが、動物たちも勇気をもって立ち向かう。しのげるか動物！

バトル1 ワタリガラスvsアバドン
バトル開始！
カラスが畑エリアに侵入してきたイナゴの悪魔アバドンをむかえうつ。いきなり激しい空中戦がはじまる！

>>> P16

これから開始されるバトルのあらすじです。

このページで実際にバトルが開始されます。

鬼

バトル2 キタキツネ&ホンドタヌキvsバルバトス
バトル開始！
百発百中な腕前をもつバルバトスに対しキツネとタヌキに勝ち目はあるか…。コンビネーションがカギだ！

>>> P20

アスモデウス

バトル3 ニホンザルvsブエル
バトル開始！
海から侵入してきたのは異形の悪魔ブエル。対するサルは知恵を生かし、戦いに有利な高い所で待ち受ける。

>>> P24

ブエル

ゲージ

650

マモン

悪魔軍

ワタリガラス

動物軍

決戦 1日目
バトル 1

ワタリガラス	体力ゲージ
攻撃 C	防御 C	体力 C
テクニック B	機動力 S

初戦 ワタリガラス
自在に空を飛び回る賢いハンター

特殊能力 — 伝令役
敵の位置をはやく突き止め、味方に知らせて先手をとる

冬の北海道にわたってくる全長70cmの大型カラス。自分より大きな獲物をチームで狩る有能なハンターだ。他の猛禽類に負けない飛行の名人で、急降下に急旋回、自由自在に空中を飛び回る高い機動力でフィールドを駆け、味方のサポート役でも活躍できる。大きなクチバシによる突進攻撃も強力だ。

ホンドタヌキ＆キタキツネ

動物軍

決戦 1日目 バトル2

攻撃 C	防御 C	体力 C
テクニック A		機動力 A

初戦 ホンドタヌキ＆キタキツネ

キツネとタヌキ、協力して悪魔と戦う！

特殊能力 コンビネーション
見事なコンビネーションで、敵を翻弄してつかれさせる

日本に住むイヌ科の哺乳類がタッグを組んで悪魔軍に立ち向かう。どちらもかみつきがメイン武器。野山をかけ、上手に泳ぎ、木登りもできる。得意技は、キタキツネは獲物までの距離を正確にとらえる技。ホンドタヌキは死んだふり（狸寝入り）だ。力は弱いが、小回りがきいてコンビ技が多彩な選手だ。

バルバトス

悪魔軍

バルバトス 体力ゲージ
- 攻撃 A
- 防御 C
- 体力 B
- テクニック S
- 機動力 C

初戦
バルバトス — 動物の言葉がわかる百発百中のハンター

特殊能力：狙撃手
遠く離れた位置から、敵を高い精度で攻撃できる

4つのトランペットをたずさえた狩人の姿をした悪魔。弓矢も名人級だが、今回は猟銃をもって参戦する。鳥のさえずりから牛の鳴き声まであらゆる生物の言葉が理解でき、動物軍の会話は筒抜けだ。狩りの能力は高く、狙った獲物は百発百中でしとめる。正確な遠距離攻撃ができる、貴重な選手だ。

決戦1日目 バトル2

騙し合いバトルの勝敗は!?

キタキツネ&ホンドタヌキ vs バルバトス

エリア：崖下に広がる草原
時間：午前12時

① ガサリと鳴った音に敏感に反応したキタキツネとホンドタヌキが立ちどまる。その瞬間、バルバトスの銃口が火をふいた！

② だが、キタキツネはとっさに超ジャンプで茂みに隠れ、ホンドタヌキは木に登って銃弾をよける。木陰で休んでいた鳥たちが音に驚いて飛びたっていく。

※キタキツネは2mほどの高さまでジャンプできる。
※ホンドタヌキは木登りが得意。

ズエル

悪魔軍

ズエル 体力ゲージ

攻撃 A	防御 B	体力 S
テクニック C	機動力 S	

初戦

ズエル — ライオンの顔をもつ異形の悪魔

特殊能力: 爆速モード
障害物がない場所であれば、速度は最高に達し能力が高まる

ライオンの顔から5本のヤギの脚を生やした、車輪のような形をした変わった姿の悪魔。全身を転がしながら移動する。また薬草の知識にくわしく、あらゆる傷や病気を治す「悪魔の医師」といわれることもある。破壊力バツグンの、攻守そろった強力な選手だ。機動力も高い。

動物軍は1勝1敗1分といい戦いをしている。しかし、この時間から「逢魔が時」とよばれる夕方に入る。悪魔の猛攻撃がはじまる。

バトル4 オオスズメバチvs鬼
バトル開始！
毒針が強力なスズメバチ軍団と悪魔に味方する鬼が激突。逃げ場のない荒野で、数で負ける鬼はどうするのか。
>>> P30

バトル6 オオワシvsバルバトス・ブエル
バトル開始！
いよいよ悪魔軍が本格的に攻めてきた。オオワシ1羽に悪魔2体が襲いかかる。動物軍は大ピンチ！
>>> P38

悪魔軍 700

鬼 悪魔軍

自在に金棒をぶんまわす巨大な怪物

昔話『桃太郎』に登場する巨大な鬼。ルシファーに雇われ、悪魔軍の味方として決戦に参加する。大きな金棒を自由自在にふりまわし、岩を投げる怪力を活かしたあらあらしい攻撃が得意。走力、ジャンプ力など身体能力も高い。しかし頭はそれほどよくなく、力で押し切ろうとするため、そこがポイントか。

鬼 体力ゲージ

攻撃	防御	体力
A	B	B

テクニック	機動力
C	B

初戦 鬼

特殊能力

酔拳
お酒をのむと、攻撃力が上昇する(賢さは落ちる)

ニホンイノシシ

動物軍

決戦 1日目
バトル 5

ニホンイノシシ 体力ゲージ

攻撃	防御	体力
B	B	B

テクニック	機動力
C	B

初戦
ニホンイノシシ ナイフのようなキバと突進攻撃が武器！

特殊能力

猛突
下り坂であれば突進の勢いが増し、攻撃力が跳ね上がる

日本全国の山林に住む哺乳類。突撃力がすごい万能ファイター。ナイフのようなキバによるきりつけ攻撃は危険。急突進、急停止、ジャンプと動きがすばやく、突然さけられない速度で突進攻撃をしかける。鼻の力も強く、重い岩もやすやすと持ち上げられ、動物軍の貴重なアタッカーだ。

アバドン

悪魔軍

アバドン 体力ゲージ

攻撃	B	防御	B	体力	A
テクニック	S	機動力	A		

前回試合のハイライト

悪魔軍　アバドン

今までにない軍団同士の空中戦が行われたカラス戦（→P18）。アバドンは数千匹というイナゴ軍団をあやつり、数の有利でカラスたちを圧倒した。今回の戦いもカギをにぎるのは毒針攻撃だ。もしイナゴの毒針をかわせたとしても、アバドンのサソリの毒針が襲いかかってくる。ニホンイノシシは2段構えの攻撃をよけられるだろうか？

35

オオワシ

動物軍

決戦 1日目
バトル 6

オオワシ 体力ゲージ

攻撃	防御	体力
B	C	C

テクニック	機動力
A	S

初戦

オオワシ
陸海空すべての生物がおそれる最強の捕食者

特殊能力
スカイハンター
相手の弱点を察知し、急降下して、ピンポイントで狙う

2.4mの翼をもつ日本最大の猛禽類。陸海空のすべての生物がおそれる電光石火のアタッカーだ。人間の8倍の視力で大空から獲物を見つけ、急降下で襲いかかる。視力がよく、機動力もバツグンなので、敵の位置を把握し味方に知らせる、動物軍の大事な「司令塔」でもある。

7 ピンチを脱することに成功したオオワシ。上空を大きく旋回しながらスキをうかがう。だが数の利もあり、形勢は悪魔軍に有利な状況だ。

※オオワシの視力は人間の8倍ともいわれている。

8 が、そのとき、ドドドド、と遠くから地響きが聞こえてきた。ブエルたちは眉をひそめる。オオワシはそちらを見つめて大きく目を見張った。3匹の動物がこちらにむかってやってくる……！

カバ、キリン、ワニ参戦!!

カバ 体力ゲージ
| 攻撃 A | 防御 B | 体力 B |
| テクニック C | 機動力 C |

キリン 体力ゲージ
| 攻撃 B | 防御 B | 体力 B |
| テクニック C | 機動力 B |

カバ
体重3tの突撃攻撃がやばい水陸の覇者!

特殊能力
ぶあつい脂肪
体がぶあつい脂肪で覆われており、攻撃を受け付けない

アフリカの川に住む超巨大な哺乳類。水陸すべての生物をけちらす超重量級ファイターだ。体重3tの巨体によるすばやい体当たりはだれも止められない。大きな口でのかみつき攻撃も大きなキバですべてを切りさく。皮膚と脂肪がぶあついので防御力も高く、単独で敵本陣を攻めることも可能だ。

悪魔軍日本襲来の知らせを聞き、遠くの地からカバ、キリン、ワニが援軍として戦地に駆けつけた！ 苦戦が続く動物軍、心強い助っ人の参戦で戦況打破なるか!?

キリン

デスロールですべてをしとめる凶暴ハンター

アフリカの草原に住む4mの最高身長の動物だ。視野の広さとその身長を生かして、いち早く敵を見つけ出す。前キックと後ろキックはライオンをたおすほど強力。ダッシュ頭突きやムチのように長い首をたたきつけることも。時速60kmと足もすごく速い。

特殊能力

見張る

視力がよく、首も長いため広い範囲で戦場を見渡せる

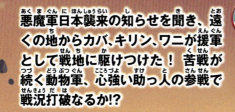

ワニ 体力ゲージ

攻撃	防御	体力
B	B	B

テクニック	機動力
C	C

ワニ   デスロールですべてをしとめる凶暴ハンター

特殊能力

夜行性

夜行性で、夜に川をくだり、気付かれず敵の背後に忍び寄る

アフリカのナイル川に住む超巨大ワニが参戦。超攻撃型アタッカーだ。水中を音もなく泳いで相手に近づき、生物界最強のかみつき攻撃からの必殺技デスロールで相手をしとめる。頭つき攻撃、尻尾攻撃も強烈だ。皮膚もかたく、攻撃が通らない。移動は速くないが、泳ぎでカバーする。

45

悪魔軍 ピックアップ ①

アバドン

もともとは場所の名前だった？

アバドンは聖書の1つ「ヨハネの黙示録」に登場するイナゴの王だ。多数のイナゴを引きつれて、この世の終わりに現れ、おそろしい災いをあたえるとされる。

もともとアバドンは「たちいり禁止の場所」「底なしの穴」「破壊の地」といった場所を表す言葉だった。これが「黙示録」の影響でしだいに地獄に住む破壊の悪魔とかわっていったと考えられている。

アバドン（上）と戦う戦士。

悪魔に例えられるイナゴの恐怖

蝗害を起こすイナゴの大群。

アバドンは蝗害を例えた悪魔でもある。蝗害とは多数のイナゴやバッタが植物や農作物を短時間で食べつくす災害だ。バッタの大量発生が原因で数年連続でつづくため、現在でも食糧不足をもたらす危険な災害だ。農業の技術でおさえることもできるが、2020年のアフリカの蝗害では約1800万人の食料がうしわれた。

ニホンザル

動物軍

ニホンザル 体力ゲージ

攻撃	防御	体力
B	C	C

テクニック	機動力
A	A

決戦 2日目
バトル 7

前回試合のハイライト

動物軍　ニホンザル

ブエル戦（→P24）では待ち伏せ攻撃でブエルを崖下につき落とすことに成功。ほぼ無傷でアバドンとの対戦をむかえる。今回の戦場は森になり、地の利はサルにある。まちぶせや木の上からの奇襲攻撃が有効だろう。前回バトルではいがぐり投げで悪魔を激怒させており、けん制攻撃もきくはずだ。2連勝を期待したいところだ。

54

③ 先端の毒針をうまく回避し、アバドンのしっぽをつかんだニホンザル。するどい犬歯でかみついた。絶叫が森の中をかけめぐる。

ばくんっ

※ニホンザルは手を使った作業が得意。また、本気で噛めば、人間の骨まで貫通することがあるほど、噛む力が強い。

※イナゴは体の数倍の高さまでジャンプすることができるが、鳥のように空を飛ぶことは出来ない。

わっ

④ アバドンは痛みに耐えながらイナゴの群れを召喚。イナゴたちの毒針攻撃から逃げようと大木にかけあがるニホンザル。アバドンはそのスキに一旦退却し、両者痛み分けとなった。

引き分け

鬼 悪魔軍

攻撃	防御	体力
A	B	B

テクニック	機動力
C	B

前回試合のハイライト

悪魔軍 鬼

前回バトル4（→P30）ではオオスズメバチの毒針攻撃に苦戦したものの、鬼は機転をきかせた金棒の技で勝利を引きよせた。今回の戦いはカバとのパワー勝負となる。どちらも一撃が強烈なため、攻撃が当たれば一気に勝負は決まるだろう。金棒は今回も有効そうだが、瞬間的なスピードではカバが勝つ。勝負はまったく予想がつかない。

ワニ&ニホンイノシシ

動物軍

決戦 2日目 バトル 9

ワニ 体力ゲージ
攻撃	防御	体力
B	B	B

テクニック	機動力
C	C

ニホンイノシシ 体力ゲージ
攻撃	防御	体力
B	B	B

テクニック	機動力
C	B

前回試合のハイライト 動物軍 ワニ&ニホンイノシシ

動物軍が好調だ。イノシシはバトル5（→P34）でイナゴ軍団ひきいるアバドンを、ワニはバトル6（→P38）でブエルをたおし、両者とも自信がついて勢いがある。陸上ではイノシシの突進攻撃、水中ではワニのかみつき攻撃が強力で、手負いのバルバトスにはにげ場がない。戦いは動物軍が勝つのはほぼ明らかかもしれない。

雪女

体力ゲージ

攻撃	防御	体力
B	B	B

テクニック	機動力
A	B

雪女 — 雪と氷を自在にあやつる超能力妖怪

特殊能力

アイスフィールド
フィールドに一瞬で氷を張り、戦況をかえられる

雪の夜にあらわれる女性の姿をした妖怪。雪や氷をあやつる能力をもつ。すべてを凍らせる氷の息吹、ツララ投げ、大雪を降らせるなど、多彩な攻撃をしかけてくる。しかし、熱いものには弱い。凶暴な妖怪ではないはずだが、なぜか今回悪魔軍として参戦しているようだ。

雪女、河童 参戦!!

動物軍の前に現れたのは日本の妖怪である、雪女と河童だった。なぜ悪魔の味方をするのか、理由は不明だが特殊な力をもつ妖怪たちは、動物軍にとってさらなる脅威になるだろう。

河童 体力ゲージ

攻撃	防御	体力
A	B	A

テクニック	機動力
B	B

河童 — 水中では敵なしの怪力ファイター

特殊能力／怪力
自分よりも体がでかい相手でも、おそろしい力で持ち上げる

川べりに住む異形の妖怪。相撲などの力くらべが得意なパワーファイターだ。水中戦闘が得意で、どんな生き物も引っぱりこむ。頭の皿に水があるかぎり、陸上でも牛馬にも負けない力が出せる。また、ケガによくきく薬をもっており、ダメージの回復が他の選手よりはやい。序盤で倒さないと厄介だ。

69

キリン&オオワシ

決戦 2日目 バトル10

オオワシ 体力ゲージ
- 攻撃 B
- 防御 C
- 体力 C
- テクニック A
- 機動力 S

キリン 体力ゲージ
- 攻撃 B
- 防御 B
- 体力 B
- テクニック C
- 機動力 B

前回試合のハイライト　動物軍　キリン&オオワシ

キリンとオオワシはバトル6（→P38）でバルバトスとブエルからなる悪魔軍を敗退させた。しかし今回の戦いではオオワシが翼にダメージを負っており、戦力はキリンのみといっていい。実質、攻撃の面では1対3と動物軍は圧倒的に不利だが、この戦いに敗ければ、悪魔軍は一気に総大将、ヒグマを攻めるだろう。ミラクルを期待したい。

決戦 2日目 バトル10

動物軍最大のピンチ！どうする!?

キリン・オオワシ vs バルバトス・雪女・河童

エリア：赤い平原
時間：午後6時

※キリンは目の位置が高いので周囲がよく見えて、早めに危険を察知することができる。

①
警戒にあたっていたキリンは、いち早くバルバトスたちの侵攻に気がついた。突然の猛攻を大声で知らせる。気づいたワシが援軍を呼びに飛びたったのを見送って、キリンは土煙をあげながら、猛スピードで蹴散らしにかかる！

※キリンは時速60km近いスピードで走る。

②
河童はキリンをくい止めようと、両手を広げてむかえうつ。だが、危険を察知したキリンは素早く後ろに走りこむと、前足を大きく振りあげて殴りかかった。その瞬間——

③ 後方でニヤリと笑った雪女は深く息を吸いこむと、冷たい息を地面にふきかけた。突然凍結した地面ですべってしまったキリンは、大きくバランスをくずしてしまう！

※キリンは一度転んでしまうと起き上がるのがとても大変。

④ 必死で踏みとどまろうとするキリン目がけて、バルバトスはゆうゆうと銃の照準をあわせる。絶体絶命かと思われたそのとき、力強い遠吠えとともに、地面を揺らしながら３匹の動物がかけよってきた！

敗北寸前の動物軍に、待ちに待った援軍が到着した。遠いアフリカから日本に馳せ参じたのは、ゴリラ、ゾウ、ライオンだ。超強力な助っ人の登場で、動物軍は一気に活気づく！

ゾウ

すべてをおしつぶす地上最大の動物

地上最大の生物がアフリカより参戦だ。体高4m、体重7tの超重量級の巨体が武器となる。突進攻撃はどんな相手もひとたまりなくおしつぶす。長い牙をヤリのようにふるう攻撃も強烈だ。長い鼻でにおいもかぎ分け、味方と敵を区別することもできる。

特殊能力

象の耳

低周波の音を聞き取り、敵の侵入をいち早く察知する

ライオン 体力ゲージ

攻撃 A	防御 B	体力 B
テクニック B	機動力 B	

ライオン — すべての生物がおそれる百獣の王

アフリカの草原に住む最強の肉食獣。「百獣の王」のよび名にふさわしい高い攻撃力をもつ。武器はキバによるかみつき攻撃とツメによるひっかき攻撃だ。音もなく相手に近づいてしとめる狩りの名人でもあり、戦闘を指揮する勇敢なリーダーの能力をもつライオンの参戦で、動物軍の士気は一気にあがるだろう。

特殊能力

百獣の王

ともに戦う味方の選手は、実力以上の力を発揮する

鬼 悪魔軍

攻撃	A	防御	B	体力	B
テクニック	C	機動力	B		

鬼 体力ゲージ

前回試合のハイライト
悪魔軍 鬼

前回カバ戦(→P58)はパワー勝負と思われたが、鬼は力だけでなく、あざやかな戦い方で超重量級のカバを撃破。鬼はオオスズメバチ、カバと動物軍のエース級をしりぞけ、向かうところ敵なしで3連勝を目指す。本戦のキツネとタヌキは奇襲攻撃が得意な相手だ。コンビ技にまどわされず、一匹ずつダウンを狙ったほうがよさそうだ。

マモン

悪魔軍

ステータス
攻撃 A	防御 B	体力 B
テクニック S	機動力 A	

初戦

マモン — 黄金が大好きな鳥頭のいやしい悪魔

特殊能力：錬金術
様々なものを金属にかえることができ、攻撃に活用する。

鳥の頭をもつ悪魔軍の副官にして参謀。「強欲の罪」の化身だ。とにかく黄金が大好きで、地下に埋まる黄金を掘り当てるなど、岩石をあやつる知識をもつ。もっともいやしい堕天使とも呼ばれ、きたない作戦を使うこともある上に、緻密な作戦を立てられる頭脳もあるので、まさに脅威だ。

動物軍 ピックアップ ②

ライオン

吠え声は車のクラクションなみ!?

ライオンのおそろしい吠え声の大きさは114デシベル、車のクラクションなみだ。ライオンは群れで生活し、縄張りをつくる。その縄張りが自分たちのものと主張するため、オスライオンが吠えるのだ。吠え声は8km先までとどき、群れに侵入する者を警戒させ、まよい出た仲間を集めるのにも役立つ。また、メスライオンや子どもも一緒にほえることもよくあるそうだ。

ライオンは夜に活動する動物だ。そのため、吠え声は日没後に聞くことができる。

狛犬はライオンだった!?

狛犬は、神域に邪気が入らないよう守っている。

神社で見かける狛犬の起源はライオンだ。仏像の前に2頭の獅子(ライオン)をおいたことにはじまる。古くからライオンは力の象徴とされ、仏教にも守護物として取りいれられ、仏像と一緒に日本にわたって狛犬になった。口を開き、角がない方は「獅子」とよぶが、現在では両方とも狛犬とよぶことが多くなっている。

カバ

動物軍

カバ　体力ゲージ

攻撃 A　防御 B　体力 B
テクニック C　機動力 C

決戦 3日目
バトル 14

前回試合のハイライト

動物軍　カバ

動物軍主戦力のカバだが、前回鬼戦(→P58)では単独で悪魔軍本陣に攻めこもうとするも、鬼のあざやかなワザの前にやぶれさった。ここまでの戦いでいいところがない。しかしまだ戦う気力はなくしていない。どんなに攻撃を受けてもはね返す。不撓不屈(どんな困難でも心がくじけない)の精神が勝ちをよびよせるのだ。

雪女&マモン

悪魔軍

雪女 体力ゲージ
- 攻撃 B
- 防御 B
- 体力 B
- テクニック A
- 機動力 B

マモン 体力ゲージ
- 攻撃 A
- 防御 B
- 体力 B
- テクニック S
- 機動力 A

◀◀ 前回試合のハイライト　悪魔軍　雪女&マモン

悪魔と妖怪という悪夢のタッグが実現だ。バトル12(→P88)では悪魔軍ナンバー2のマモンが、最強ハンタータッグのオオワシとライオンをやぶった。雪女は参戦して以来、氷をあやつって悪魔軍のピンチをすくっている。現在は悪魔軍に勢いがある。勢いのままコンビ攻撃を生み出せば、カバはひとたまりもないだろう。

ゴリラ

動物軍

決戦 3日目
バトル 15

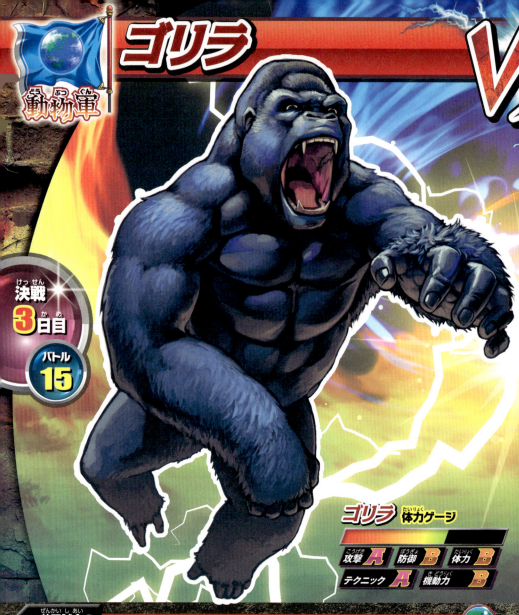

ゴリラ 体力ゲージ

攻撃	A	防御	B	体力	B
テクニック	A	機動力	B		

前回試合のハイライト

動物軍 ゴリラ

森の王者ゴリラと川の王者河童。いままで出会わなかった2体の王者の戦いの火ぶたが切られる。ゴリラが参戦したバトル10（→P76）では、同じ戦場に立ちながらも直接は戦わず、本バトルで1対1の戦いが実現。どちらも戦闘スタイルがよくにており、出しおしみのないフルパワーでの激突が見られるはずだ。見ごたえあるバトルに注目だ。

③ しかしゴリラの猛攻はとまらない。すぐさま河童の皿に目標を変えてふり上げる。河童は両手で流木をつかみなんとか防ぐも、ゴリラはガラ空きの下半身に足払いを仕掛けた！

※河童は皿が弱点。割れたり乾いたりすると大ダメージ。

※ゴリラは知能が高く、状況を見て判断することができる。

※河童は怪力。

④ が、河童はなんとか耐えた！反対にぬかるみでバランスをくずしてしまったゴリラの脳天目がけて、河童の強烈な拳が降りおろされる！急所にあたり、ゴリラは一撃ダウン！河童の逆転勝利となった。

※河童は下半身が強靭で、攻撃を受けてもひるまない。

河童の勝利
ゴリラ脱落

オオワシ

動物軍

決戦 3日目
バトル 16

オオワシ 体力ゲージ

攻撃	B	防御	C	体力	C
テクニック	A	機動力	S		

前回試合のハイライト

動物軍　オオワシ

ライオンと挑んだマモン戦(→P88)では悪魔軍ナンバー2のマモンをつかまえたが、逆転負けとなったオオワシ。これまでの連戦がたたり、体力はほぼ限界にきている。しかし、3日目はここまで動物軍の全敗で、反撃をおみまいしたいところ。空からのヒットアンドアウェイ攻撃なら、超能力が使える雪女相手でも勝利の活路は開けるはず。

雪女

悪魔軍

雪女 体力ゲージ

攻撃 B	防御 B	体力 B
テクニック A	機動力 B	

前回試合のハイライト
悪魔軍 雪女

副官マモンと協力した前回バトル（→P102）では、動物軍のアタッカー・カバの撃破に成功。マモンの指示を受け、弱ったオオワシを仕留めにかかるようだ。防御力は低いオオワシなので、氷の力で足止めして、一発でも攻撃を当てれば雪女の勝利となるか。それにしても、雪女はなぜ悪魔軍に味方しているのだろう…。

③ しかし雪女はさらに吹雪を強めて視界を奪うと、上空のオオワシ目がけて巨大なツララを放出した。迫るツララで、オオワシ大ピンチに！

※オオワシの視力は、人間の8倍以上といわれている。

④ が、オオワシは鋭い視線でツララの行方をとらえていた！大きなツメでツララをつかむと雪女目がけて急降下。雪女は自分のツララで頭を殴られ失神してしまった。

オオワシの勝利

カバ

動物軍

カバ 体力ゲージ

攻撃 A	防御 B	体力 B
テクニック C	機動力 C	

決戦 **3**日目
バトル **17**

前回試合のハイライト
動物軍　カバ

午前中のバトル（→P102）で妖怪雪女と悪魔軍ナンバー２マモンの猛攻撃を受けて命からがらにげたカバ。イライラは頂点で、これまで持ち味であるパワーファイトができていない。対戦相手のアバドンは毒タイプの相手で長期戦が得意。はじめに突進攻撃を当てて、短期決戦に持ちこめば、アバドンも疲れてきているので勝利は難しくないはずだ。

マモン

悪魔軍

マモン 体力ゲージ

攻撃	A	防御	B	体力	B
テクニック	S	機動力	A		

前回試合のハイライト

悪魔軍　マモン

前回のバトル（→P88）でライオンとオオワシにとどめをささなかったのは動物軍を見くびっているのか、戦いを楽しむためなのか…。結果、動物軍のリベンジバトルを受ける形となった。ライオンは体が温まってきており、確実に一撃を入れてくる。勝利のためにもマモンも出しおしみはせず、全力の技で先制攻撃をしかけたほうがよいだろう。

イビル 体力ゲージ

攻撃	A	防御	A	体力	A
テクニック	A	機動力	A		

イビル（火炎の悪魔）
すべてを燃やしつくす業火の悪魔騎士

特殊能力
?????
?????????
?????????

ルシファーの力を宿す火炎の悪魔戦士。燃えさかる魔界の炎を自在にあやつる。業火の大刀は斬撃に炎ダメージが加わり、火炎放射も相手を燃やしつくす威力。相手を炎の檻でかこんで足止めする技ももつ。また双子であるエビルとの連携を極めており、究極技を会得している。

128

イビル、エビル参戦!!

悪魔軍が押されているとみたのか、傍観していたルシファーが、思いもよらぬ行動に出た。ルシファーから放たれたのは二人の最強の悪魔戦士。どうする、動物軍!?

エビル 体力ゲージ

攻撃	防御	体力
A	A	A

テクニック	機動力
A	A

エビル（氷晶の悪魔）
すべてを凍てつかせる氷晶の悪魔騎士

特殊能力
?????
??????????
??????????

ルシファーの力を宿す氷晶の悪魔戦士。極寒の冷気を自在にあやつる。その威力は雪女の冷気をも上回る。フィールドを凍らせ、相手の機動力をうばい、氷のつぶてやツララ攻撃、氷の槍の一撃で確実にしとめる。また双子であるイビルとの連携を極めており、究極技を会得している。

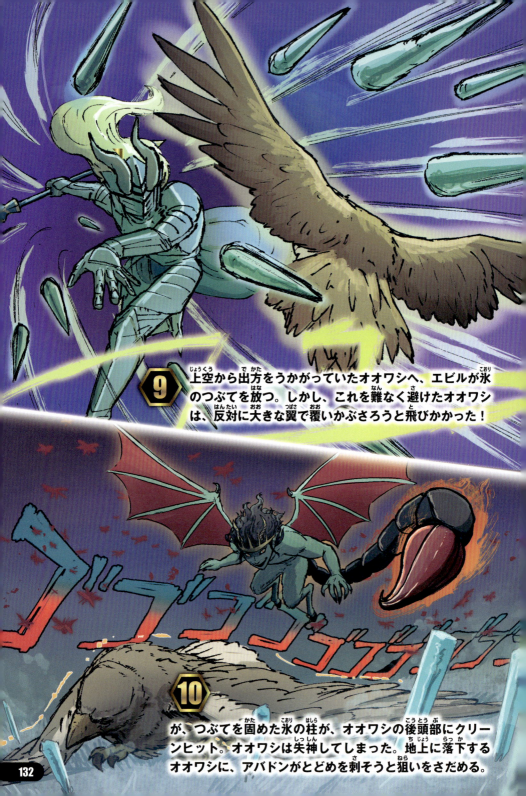

⑨ 上空から出方をうかがっていたオオワシへ、エビルが氷のつぶてを放つ。しかし、これを難なく避けたオオワシは、反対に大きな翼で覆いかぶさろうと飛びかかった！

⑩ が、つぶてを固めた氷の柱が、オオワシの後頭部にクリーンヒット。オオワシは失神してしまった。地上に落下するオオワシに、アバドンがとどめを刺そうと狙いをさだめる。

悪魔軍ピックアップ ③

ルシファー

ルシファーは悪魔ではなかった？

悪魔軍指揮官ルシファーは、実はもともと天使で、神に反逆し悪魔となってしまった堕天使だ。天使時代は最高位の天使でカリスマ性が高く、反逆のときはなんと天使たちの多くがルシファーにしたがった。反逆の理由は明らかでないが、神と同じ地位をのぞんだため…という話がある。そのため、ルシファーはおごり高ぶり他人をあなどる「傲慢」の象徴とも見られている。

古い本の挿絵。地球へ向かうルシファーを描いている。

ルシファー＝金星？

金星の写真。地球からでも1月下旬〜7月中旬にかけてよく見える。

もともとのルシファーが意味する「明けの明星」とは、明け方にかがやく金星のことである。

金星は生物がとても住めない星だ。つねに厚い雲におおわれ、大気の95％は二酸化炭素、温室効果によって表面の温度は450℃をこえる灼熱地獄である。悪魔ルシファーにふさわしい場所といえよう。

決戦4日目
フィールドMAP
午前（朝〜昼）

バトル20 ライオン・ヒグマ
VSアバドンバトル開始！

ヒグマは形勢を立て直すため、本陣を捨て、ライオンとともに北の森へ。しかしそこに立ちはだかるのは、またしてもアバドンであった。

>>> P138

ヒグマ

VS

アバドン

ライオン

脱落 鬼

エビル

イビル

河童

バトル22 悪魔軍に囲まれ…
忍びよる敗北の気配

理由は不明だが、イビルとエビルは動かない様子。しかし、河童・雪女は逃げるヒグマとライオンを後ろから追い詰めようとしていた…。

>>> P148

脱落 ゾウ

キリン

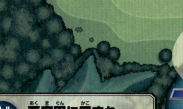
オオワシ

動物軍

260 勢力

ライオン&ヒグマ

動物軍

ヒグマ 体力ゲージ
攻撃	防御	体力
A	B	A

テクニック	機動力
B	B

決戦 4日目
バトル 20

ライオン 体力ゲージ
攻撃	防御	体力
A	B	B

テクニック	機動力
B	B

前回試合のハイライト
動物軍 ライオン&ヒグマ

ライオンはここまで4戦して1勝2敗1分。勝利こそ少ないものの、バトル中はうまく立ち回り、悪魔にダメージを与えつつ、にげられるときはにげて、大きなダメージにはなっていない。そして総大将ヒグマがついに初戦。総大将であるがゆえに、あまり積極的に攻めることはできない。しかし連戦続きのアバドン相手であれば、十分勝てるか。

※ライオンはたてがみでガードし、致命傷を外していた。
※ライオンの噛む力は最大で600kgといわれている。

③ 勝負ありかと思われたそのとき、ライオンはぶるりと大きく頭を振って、アバドンの尾にかみついた。必死に逃れようとするも、ライオンの牙は許さない。

④ 形勢逆転、連戦で体力をかなり削られていたアバドンは、そのままなす術なく、崖下へと突き落とされてしまった！そのままアバドンダウン！

キリン

動物軍

決戦 4日目　バトル21

キリン 体力ゲージ

攻撃	防御	体力
B	B	B

テクニック	機動力
C	B

前回試合のハイライト

動物軍　キリン

2日目のバトル10（→P74）以来の久びさの登場だ。前回の戦いではおとなしい姿からは想像できないほどに機動力も攻撃力も高く、悪魔ハンターバルバドスなどの悪魔軍をけちらした。今回の相手マモンは強敵だが、バルバドスと同じく飛び道具にたよるため、キリンの脚なら間合いはつめやすい。攻撃範囲に入ればダウンをうばえるはずだ。

マモン

悪魔軍

マモン 体力ゲージ

攻撃	A	防御	B	体力	B
テクニック	S	機動力	A		

◀◀ 前回試合のハイライト

悪魔軍　マモン

悪魔軍副官のマモンは連戦によるダメージがたまっている。2日目のオオワシ・ライオン戦(→P88)では勝利するも、3日目の戦い(→P120)でオオワシ・ライオンにリベンジされてしまった。調子は下降気味だ。今回の相手キリンは攻撃力が高く、接近戦はさけたいが、高身長ゆえに足元にスキがある。あえてふところにとびこむ攻撃が有効かもしれない。

ライオン&ヒグマ

動物軍

ヒグマ 体力ゲージ

攻撃	防御	体力
A	B	A

テクニック	機動力
B	B

決戦 4日目
バトル 22

ライオン 体力ゲージ

攻撃	防御	体力
A	B	B

テクニック	機動力
B	B

前回試合のハイライト　動物軍　ライオン&ヒグマ

動物軍のふんばりが続く。先ほどのアバドン戦(→P138)では動物軍のダブルエースが大活躍。ライオンがイナゴ王アバドンを撃破し、突然参戦してきた悪魔軍総大将アスモデウスもヒグマが駆けつけ見事撃退した。この勢いで連戦連勝をめざし、ライオンとヒグマは悪魔軍に攻めいる。しかし、ヒグマは総大将ということもあり踏みこみすぎるのは危険だ。

※ヒグマは「イヌと霊長類のあいだ」といわれるほど知能が高く、道具を使うことができる。

③ が、そのとき、河童が張り手をしながら猛スピードで突進してきた。間に入ったのはヒグマだ。ライオンからマモンを引っつかむと、勢いよく振りまわして河童をなぐる！

④ マモンがちょうど河童の皿にあたってしまい、両者ダウン。イビルとエビルが猛スピードで向かってくるなか、雪女は突然吹雪にまぎれて戦線離脱してしまった。

※河童の弱点は頭の皿。

※雪女と河童は、マモンの魔法で操られており、マモンがダウンしたことで、その魔法が解けたのだった。

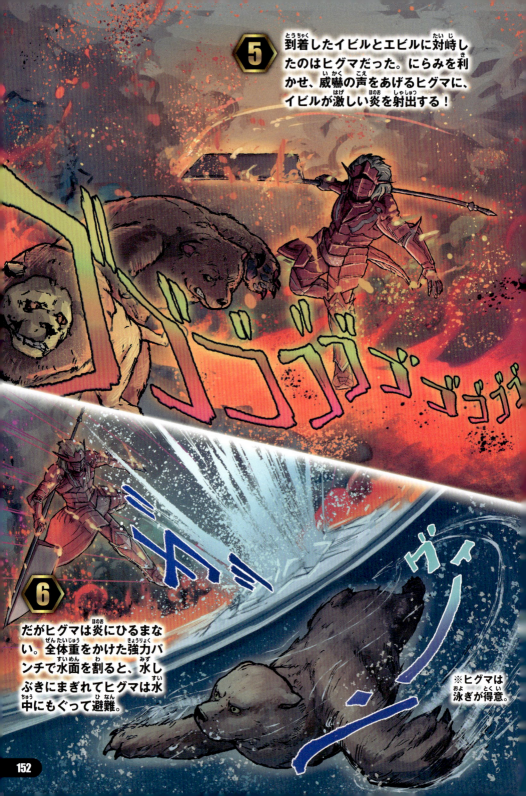

7 そのまま泳いで、氷を割って奇襲をしかける作戦だ。だが、その戦法は見破られていた。現れたヒグマを、イビルの無慈悲な業火が襲う！

8 万事休すかと思われたその時、大きな影がヒグマと炎のあいだに飛びこんできた！

ぬりかべ、天狗、雪女 参戦!!

ぬりかべ

どんな攻撃も受け止める
絶対防壁

暗い夜道にあらわれる壁のような妖怪。ぬりかべが通り道をふさぐと前に進めなくなってしまうという。雪女の知らせを聞き、急いで駆けつけた。物理攻撃から魔法攻撃まで、どんな攻撃をもふせぐ「壁」となる。のしかかる壁プレスも強力。

特殊能力
サイズチェンジ
自分の体のサイズを大きくしたり、小さくしたりできる

ぬりかべ 体力ゲージ

攻撃	防御	体力
A	S	S

テクニック	機動力
B	C

マモンのダウンで魔法であやつられていた雪女は正気にもどった。雪女は動物を助けるため、妖怪仲間の天狗とぬりかべに声をかける。動物軍にたのもしい味方が駆けつける！

天狗

いろいろなワザを繰り出す万能戦士

山に住むという妖怪。多種多様なワザを使う超能力ファイターだ。顔が赤く、鼻が高く、翼をもって空を飛ぶ。羽団扇で大風を吹かせ、神通力で姿を消し、金剛杖をはじめどんな武器も使いこなす。他者を見下す性格だが、雪女の願いを受けて動物軍に味方する。

特殊能力
天狗の団扇
一振りで強風をおこす、不思議な団扇をもつ

天狗 体力ゲージ
- 攻撃 A
- 防御 B
- 体力 B
- テクニック S
- 機動力 A

雪女 体力ゲージ
- 攻撃 A
- 防御 B
- 体力 B
- テクニック A
- 機動力 B

雪女

パワーアップをはたした雪の妖怪

悪魔軍に味方していたのはマモンに魔法であやつられていたからだった。正気にもどった雪女は、苦戦する動物たちを可哀想に思い、仲間をつれて戦場にもどってきた。魔力の影響で氷雪をあやつる力がパワーアップ。吹きつける冷気はより冷たく、作り出すツララもより大きくなった。

特殊能力
アイスフィールド
フィールドに一瞬で氷を張り、戦況をかえる

動物軍ピックアップ ④

ヒグマ

冬眠中ヒグマはうんちをしない!?

ヒグマは12月〜3月まで冬眠に入る。秋に魚や木の実をたくさん食べて脂肪＝エネルギーをたくわえ、そのエネルギーを使って、冬眠中は飲まず食わず、うんちもおしっこもせずにすごす。ヒグマの住む北海道の冬は寒く、食料もない。厳しい冬を生きのびるためにヒグマは冬眠するのだ。ちなみに、動物園で冬でも食べ物があたえられるとヒグマは冬眠しないことがわかっている。

冬眠中のヒグマに近づくことは非常に危険だ。

赤ちゃんは一気に成長する

ヒグマの赤ちゃん。生後4ヶ月になると母親と同じものを食べるようになる。

ヒグマの赤ちゃんは体重500ｇで生まれ、1年で体重60kgに急成長する。実はヒグマの母乳はほかの動物にくらべて脂肪分が高く、赤ちゃんは脂肪をたくわえ、体重を増やす。こうしてヒグマは1歳半〜2歳半までに親ばなれしていく。ヒグマの寿命は20〜30歳で、北海道に1万7000頭が住んでいるとされる。

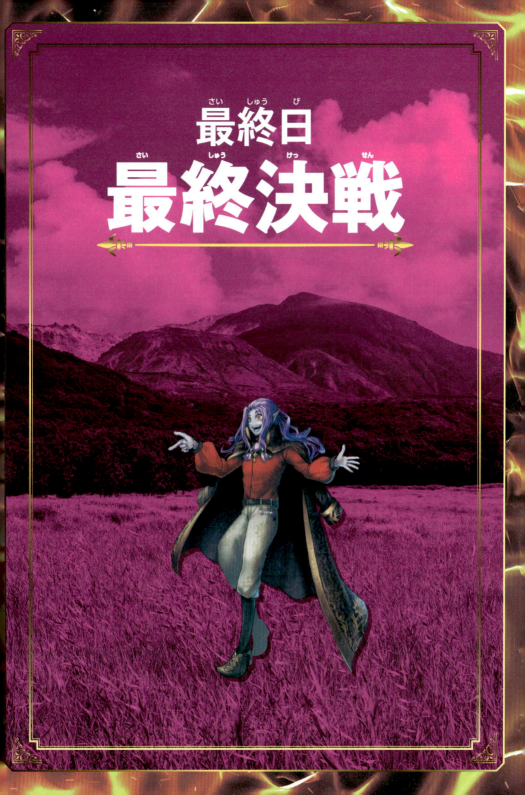

③ このまま勝負が決まるかと思われたそのとき、ライオンは何かの気配を察してバッと離れた。ゆらりと起き上がった双子の悪魔(デビルツインズ)。その身体が、ビクリビクリと震えはじめる。

④ つぎの瞬間、2体の悪魔の身体から禍々しいオーラが放出された。あっという間に超融合したイビルとエビル。パワーアップした究極体となってしまった!

究極体イエビル

| 攻撃 | S | 防御 | S | 体力 | S |
| テクニック | A | 機動力 | A |

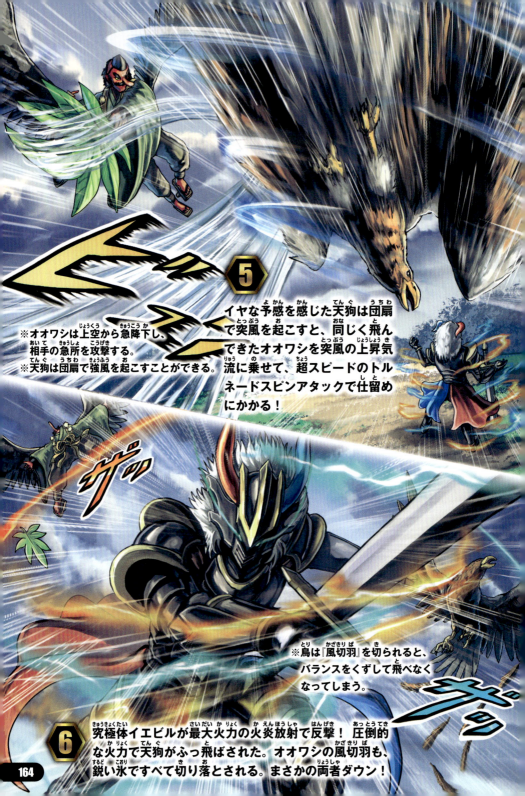

全選手データ

最強動物軍

 ワタリガラス
攻 C68 防 C65 体 C63 テ B88 機 S101

アバドン初戦で脱落。高い機動力はチーム連携の面でも貴重な選手で、動物軍としては痛手だった。

 キタキツネ&ホンドタヌキ
攻 C67 防 C68 体 C70 テ A94 機 A94

すばやい連携攻撃は◎。だが、惜しくも2戦目の鬼戦で力に押し切られ脱落してしまった。

 ニホンザル
攻 B85 防 C77 体 C76 テ A97 機 A92

4戦して2勝の好成績。最終決戦では大逆転のきっかけも作り、今回の影のMVPかもしれない。

 オオスズメバチ
攻 B88 防 C60 体 C60 テ C60 機 A92

強烈な毒針を鬼に打ちこんだが、数の有利を打ち消されて無念の逆転負け。初戦で姿を消した。

 ニホンイノシシ
攻 B89 防 B85 体 B85 テ C79 機 B88

妖怪援軍の奇襲にあい、惜しくも中盤で脱落となったが、序盤では心強い戦いをしてくれた。

 オオワシ
攻 B85 防 C70 体 C70 テ A91 機 S108

最多の7戦に参戦。攻撃だけでなく、目隠しや援軍をよぶなど、様々なアシストが素晴らしかった。

 カバ
攻 A95 防 B88 体 B88 テ C74 機 C73

攻守優れ、期待大だったが4戦3敗と残念な結果に。いきなり敵陣に単独で乗りこんでしまった。

 ワニ
攻 B90 防 B86 体 B82 テ C74 機 C73

2戦して1勝1敗。超攻撃型アタッカーらしい激しい攻撃を見せたが、雪女との相性が悪かった。

 キリン
攻 B86 防 B82 体 B81 テ C76 機 B85

妖怪の援軍ピンチをしのいだのは◎。全戦闘で機動力と足技&ネッキングの破壊力を見せつけた。

 ライオン
攻 A97 防 B87 体 B85 テ B87 機 B88

ねばり強く連戦し、7戦中3勝をあげた。百獣の王らしく最後まで戦い抜いた動物軍のエースだ。

 ゴリラ
攻 A97 防 B90 体 B89 テ A97 機 B90

2戦して1勝1敗。最もバランスのよい選手であり、中盤でゴリラを失ったのは非常に残念だった。

 **ゾウ**
攻 B90 防 A95 体 A99 テ A93 機 B85

悪魔軍イビルとエビルの参戦で、その巨体が逆に仇となり脱落。高い破壊力を、いかせなかった。

 ヒグマ
攻 A96 防 B90 体 A92 テ B90 機 B83

終盤の登場だったが、3戦3勝と動物軍勝利も決めた。総大将としての役割をしっかり果たした。

※パラメーターは次の表記で省略しています。攻撃➡攻 防御➡防 体力➡体 テクニック➡テ 機動力➡機

雪女(動物軍)
攻 A95 防 B82 体 B81 テ A99 機 B81

雪女が動物軍の味方になってくれたのは大きかった。妖怪の援軍も呼び、戦いをひっくり返した。

ぬりかべ
攻 A100 防 S115 体 S115 テ B89 機 C60

最終盤で参戦。動物軍の最強のガードナーとして、ぬりかべほど心強い味方はいなかったといえる。

アバドン
攻 B90 防 B90 体 A93 テ S101 機 A100

高い機動力をいかし、悪魔軍最多の6戦に参戦。動物軍を初日から最後までじわじわと苦しめた。

ブエル
攻 A100 防 B90 体 S105 テ C80 機 S103

勢いこそよかったが2戦2敗。早々の脱落で、ダメージを回復できなかったのが、良くなかった。

河童
攻 A95 防 B83 体 A91 テ B88 機 B85

マモンの魔法であやつられ大暴れ。怪力を発揮し終盤までよく戦った。2勝2敗は好成績。

マモン
攻 A94 防 B83 体 B88 テ S110 機 A99

副官らしく中盤は活躍したが、連戦でダメージがたまり、動物軍新戦力の勢いをはね返せなかった。

エビル
攻 A93 防 A91 体 A91 テ A99 機 A93

雪女をも上回る氷攻撃を巧みに使い分け、何回も不利な状況をひっくり返した。

イビル&エビル究極体
攻 S115 防 S101 体 S104 テ A99 機 A98

圧倒的な魔力で、動物軍を為す術がないほど追い込んだが、ぬりかべの存在が誤算だった。

天狗
攻 A96 防 B90 体 B90 テ S110 機 A95

ベテラン妖怪らしく冷静に団扇の風で、動物軍の攻撃を援護。同時に悪魔軍の攻撃を弱体化させた。

ルシファー悪魔軍

バルバトス
攻 A96 防 C80 体 B90 テ S103 機 C80

百発百中のはずだが、ヒットさせたのはワニのみなのは△。動物がもつ野生の勘のせいだろうか。

鬼
攻 A97 防 B84 体 B90 テ C80 機 B83

実は4連勝。悪魔軍の影のエース。脱落となった同士討ちさえなければ、悪魔軍が勝っただろう。

雪女(悪魔軍)
攻 B89 防 B81 体 B80 テ A95 機 B81

熱帯地域からの動物が多く、氷の力は脅威そのもの。魔法が解けなかったら動物軍勝利はなかった。

イビル
攻 A99 防 A93 体 A91 テ A93 機 A91

無尽蔵の火炎で動物軍をさんざん苦しめた。炎の檻で動物軍の動きを止めるサポート技も光った。

アスモデウス
攻 S110 防 A93 体 S101 テ A96 機 S101

4日目にして初登場。総大将らしい攻撃で動物軍にせまったが、対ヒグマで苦戦。2連敗に終わる。

ルシファー
攻 S??? 防 S??? 体 S??? テ S??? 機 S???

最後まで参戦せず。終始、動物軍を試しているかのような余裕があり、その能力は計り知れない。

動物軍の勝利！だが…

悪魔軍と大きな戦力差のあった動物軍だったが、妖怪たちの助けや、そして動物同士のチームワークが光り、ルシファー悪魔軍の撃退に成功した。
しかし悪魔軍の実力は、今も未知数のところがある。今回の悪魔たちが、魔界の悪魔の中ではどれほどの強さなのか、正直予想がつかない。そして何より、ルシファー本人が今回の戦いには最後まで参戦してこなかった。
ルシファーの狙いとは…!? 戦いは再び起こる!?

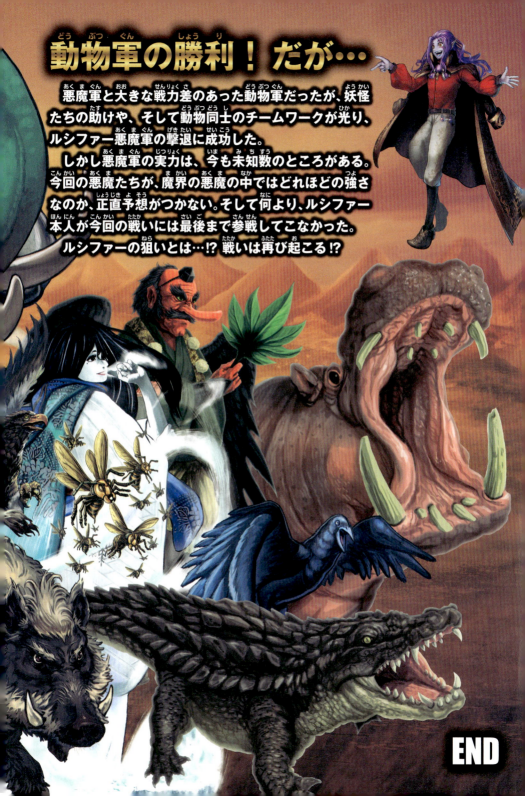

END

編者 Creature Story（クリーチャー ストーリー）

虫や動物の生態に関する情報を徹底的に収集し、生物学とは違った視点で独自の研究を行う。その生物の特徴をもとにして、生態系では遭遇しない生物同士が出くわしたことを想像し、戦いの展開を創造しながらロマンを追い求めている。
編著書に『頂上決戦!水中危険生物 最強王決定戦』『頂上決戦!異種最強生物 オールスター大決戦』『頂上決戦!幻獣・ドラゴン 最強王決定戦』（西東社）がある。

編者 小川 彗（おがわ すい）

北海道出身。小説家・コミック原作者。
ドラマ「世にも奇妙な物語」、「僕のヒーローアカデミア」のノベライズ、「逃走中オリジナルストーリー」（みらい文庫）「ぜったい絶命!恐竜ワールド」（集英社）などがある。子供のころ、地元の山で化石を掘っていたほどの恐竜好き。

イラスト	合間太郎（イールーブ）、あおひと、icula、海野シュウスケ、怪人ふくふく、anco、永井啓太、なすみそいため、プーチャミン、増田羊栖菜、madOwl、ロブジャ
デザイン	ダイアートプランニング（五十嵐直樹・伊藤沙弥）
写真提供	Getty Images、Wikimedia Commons
編集協力	堀内直哉

頂上決戦！
最強動物VS悪魔 獣魔大決戦

2024年12月25日発行　第1版

編 者	Creature Story、小川 彗
発行者	若松和紀
発行所	株式会社 西東社 〒113-0034　東京都文京区湯島2-3-13 https://www.seitosha.co.jp/ 電話　03-5800-3120（代）

※本書に記載のない内容のご質問や著者等の連絡先につきましては、お答えできかねます。

落丁・乱丁本は、小社「営業」宛にご送付ください。送料小社負担にてお取り替えいたします。
本書の内容の一部あるいは全部を無断で複製（コピー・データファイル化すること）、転載（ウェブサイト・ブログ等の電子メディアも含む）することは、法律で認められた場合を除き、著作者及び出版社の権利を侵害することになります。代行業者等の第三者に依頼して本書を電子データ化することも認められておりません。

ISBN 978-4-7916-3358-6